探城寻宝记

彭彭 —— 文
彭彭 燕十三 —— 图

山海之城的韵味

上海科技教育出版社

序　言

每一座城市，都是一个巨大的宝库；
每一次游历，都是一个探宝的历程。

它是黄海之滨的一颗明珠，
它是啤酒飘香的一座名城，
它是万国建筑的一部经典。
这次我们将前往山东青岛，
领略多元文化在此交织出旖旎的港湾风采。

藏宝积星卡

看看你能找到几个宝箱？

❶号宝藏：栈桥—中山路（劈柴院）—青岛天主教堂 ☆☆☆☆☆　　17

❷号宝藏：信号山（青岛迎宾馆、青岛基督教堂）☆☆☆☆☆　　25

❸号宝藏：德国监狱旧址博物馆—青岛市民俗博物馆 ☆☆☆　　33

❹号宝藏：市井老城区 ☆☆　　37

❺号宝藏：大学路 ☆☆☆☆　　45

★宝箱景点：康有为故居 ☆　　51

★宝箱景点：圣保罗教堂 ☆　　52

★宝箱景点：湛山寺 ☆　　53

❻号宝藏：青岛第一海水浴场—八大关 ☆☆☆☆　　55

❼号宝藏：鲁迅公园—中国人民解放军海军博物馆— 61

青岛海底世界 ☆☆☆

❽号宝藏：崂山 ☆☆☆☆ 67

❾号宝藏：青岛的清新小岛（燕儿岛山公园、小麦岛、 76

灵山岛）☆☆☆

★宝箱景点：青岛市博物馆 ☆ 80

★宝箱景点：青岛极地海洋世界 ☆ 81

★宝箱景点：小青岛公园 ☆ 82

休闲之都

❿号宝藏：青岛啤酒博物馆—天幕城— 85

台东步行街 ☆☆☆☆

⓫号宝藏：五四广场—青岛奥林匹克帆船中心 ☆☆☆ 92

⓬号宝藏：青岛美食 ☆☆☆☆☆ 98

★宝箱景点：小鱼山公园 ☆ 105

★宝箱景点：青岛电视塔 ☆ 106

目录

探城寻宝,你准备好了吗

8 / 寻宝规则

9 / "藏宝地文化号"快车

12 / 宝藏地图

14 / 时光探测器

胶澳商埠

17 / 栈桥—中山路(劈柴院)—青岛天主教堂

25 / 信号山(青岛迎宾馆、青岛基督教堂)

33 / 德国监狱旧址博物馆—青岛市民俗博物馆

37 / 市井老城区

45 / 大学路

51 / 康有为故居

52 / 圣保罗教堂

53 / 湛山寺

海滨岛城

55 / 青岛第一海水浴场—八大关

61 / 鲁迅公园—中国人民解放军
　　　海军博物馆—青岛海底世界

67 / 崂山

76 / 青岛的清新小岛（燕儿岛山公园、小麦岛、灵山岛）

80 / 青岛市博物馆

81 / 青岛极地海洋世界

82 / 小青岛公园

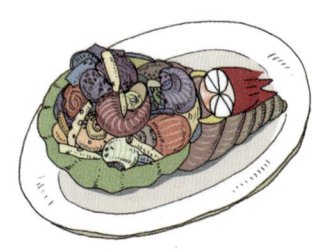

休闲之都

85 / 青岛啤酒博物馆—天幕城—
　　　台东步行街

92 / 五四广场—青岛奥林匹克
　　　帆船中心

98 / 青岛美食

105 / 小鱼山公园

106 / 青岛电视塔

探城寻宝，
你准备好了吗

寻宝规则

让我们出发吧！每个景点都藏有1—5个宝箱，大家一起来寻找吧！

每寻找到一个**宝箱**，就在藏宝积星卡对应的景点名称后面涂上一颗小星星，累计涂满10颗小星星，就能获得"**探城过路人**"的称号！累计涂满30颗小星星，就能获得"**探城侦察员**"的称号！累计涂满50颗小星星，就能获得"**探城小奇兵**"的称号！

"藏宝地文化号"快车

现在,让我们乘坐"藏宝地文化号"快车,穿越古今,快速了解一下这次探城寻宝之旅的三大站吧!

第一站:胶澳商埠

青岛,以前被称为胶澳,建市仅 100 多年的历史,却能成为我国的历史文化名城,其中近代的一批优秀老建筑,如别墅、民居、教堂、博物馆等功不可没。

它们承载着厚重的历史文化,掩映在这座岛城的绿树之中,构成了青岛红瓦绿树、碧海蓝天的独特城市风貌。

第二站： 海滨岛城

青岛是一座海滨城市，它的海岸线极为秀美，大湾小湾依次出现，连绵不绝。青岛的城市建筑群与大海穿插交融，海边建筑布局从低到高，层次分明。

在青岛可以从很多角度和大海接触。

可以沿着长长的海岸栈道，享受海风亲吻肌肤的潮湿；也可以冲向海水浴场洗海澡，随海浪感受大海的热情与清凉。

第三站：休闲之都

  探访完充满异国风情的建筑，再去激烈的帆船赛场呐喊助威，去热闹的啤酒节和朋友碰杯……

  或随便找家小馆子，要盘辣炒蛤蜊，来扎爽口的青岛啤酒……

  这才是最地道也最惬意的青岛生活。

劈柴院
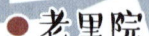老里院
黄岛路
青岛天主教堂

●青岛火车站

●栈桥
德国领事馆旧址

青岛原来不是岛啊！

栈桥回澜阁●

小青岛公园●

宝藏地图

青岛

● 信号山公园

青岛基督教堂

● 青岛德国总督楼旧址

德国监狱旧址博物馆

● 老舍故居

● 第一海水浴场

● 青岛海底世界

中国人民解放军海军博物馆

● 鲁迅公园

时光探测器

新石器时代

青岛地区是东夷人繁衍生息的主要地区之一,孕育了大汶口文化、龙山文化和岳石文化。

商周

青岛地区是中国海盐的发祥地,属于中国"四大古盐区"和"五大古港"。

春秋战国

青岛地区的即墨为春秋战国时期的齐国名邑。

秦朝

秦始皇统一中国后,曾三次登临现位于青岛黄岛区的琅琊台。秦朝徐福曾率船队由琅琊山起航东渡朝鲜、日本。

汉朝

汉武帝年幼时曾被立为胶东王,后曾多次到青岛地域巡游。

唐宋

青岛辖域作为衔接南北航运的"中转站",成为中国北方沿海最重要的交通枢纽和贸易口岸。

元朝

为方便海运漕粮,开凿了中国唯一的海运河——纵贯山东半岛的胶莱运河。

明清

青岛是中国北方重要的海防要塞,时称胶澳。清政府在胶澳设防,青岛由此建置。后德国以"巨野教案"为借口侵占青岛,进行殖民统治。

民国

1914 年,第一次世界大战爆发,日本取代德国占领青岛。1919 年,以收回青岛为导火索,爆发了"五四运动",这是中国近代和现代历史的分水岭。1922 年 12 月 10 日,中国政府收回青岛,辟为商埠。1929 年 7 月,中国政府设青岛特别市,1930 年改称青岛市。1938 年 1 月,日本再次侵占青岛。1945 年 9 月,中国政府接管青岛,仍为特别市。

中华人民共和国成立后

1994 年,青岛被列为全国 15 个副省级城市之一。2015 年,青岛成为中国十大最具经济活力城市之一。

栈桥—中山路（劈柴院）—青岛天主教堂

青岛**栈桥**（宝箱一）从陆地伸入海中，是一条全长400多米的海上长廊。由于其位置就在火车站旁，因此成为很多人来青岛后参观的第一个景点。青岛的性格和气质、喜悦及忧伤都烙在它上面，所以它一直是青岛的地标性建筑。青岛啤酒的商标就是以栈桥为图案设计的。

栈桥本是清末大臣李鸿章为了抵御帝国主义入侵而建的补给站，不料后来反而方便了德国人。1897年，德国人以演习为名，从栈桥登陆后占领了青岛，后对栈桥加以改建，在桥上铺设了轻便铁轨，用来运输由德国运来的军需物资。

民国时期，栈桥重新扩建，全部改用水泥铺面，并在防洪堤上新建了一座具有民族传统风格的双层飞檐八角亭阁，取名为"**回澜阁**"（宝箱二）。阁顶为黄色琉璃瓦，阁内为二层的环形厅堂，窗户、墙面都是复古红色，有一种古典的美感。在回澜阁外凭栏眺望大海，可以清楚地看到对面的小青岛。

栈桥最让人心动的时节当数秋冬了。秋天涨潮时，海浪拍岸，激起数十米巨浪，煞是壮观。退潮后，礁岩沙滩上满是拿着水瓶水桶赶海挖蛤蜊的游人。风平浪静时，还有成千上万只海鸥在水面翱翔，岸上有卖海鸥食的小贩，可以买点小食喂喂海鸥。海鸥带着海浪的气息、海的风情，给青岛增添了一股灵动的色彩，和蔚蓝的天、古典红的回澜阁、近处观景赏海的人们一起构成了一幅和谐画卷。

栈桥的对面就是青岛的百年商业老街中山路（宝箱三）。中山路几乎是每个去青岛的游人的必经之路，去火车站、去劈柴院吃小吃、去春和楼吃大餐、参观教堂、坐机场大巴都要路过……晚上的中山路上人潮涌动，路两边的百年老建筑在彩灯的照射下，焕发出新的生机。

20世纪30年代的中山路无论在经济上还是文化上，绝对都是青岛的中心。20世纪初，青岛已成为自由贸易港，这使得当时许多国际贸易公司抢滩中山路。中国银行青岛分行等各类官办、私营银行或钱庄凭借着自己雄厚的实力在此立足，中山路金融商业中心的地位可见一斑。现在在中山路上还可以看到很多银行的建筑，虽已老旧，但依然挡不住那份从气质里弥漫出的恢宏。

全国各地有许多中山路，青岛的中山路却具有其他中山路无法复制的、沉淀着历史质感的欧式风情。欧风的浪漫细腻，里院的生动温情，两种完全不同的文化在此交织碰撞。

当年占领了青岛的德国人为了从栈桥运输物资，建设了大港和小港，并于1899年修建了中山路。中山路当时分南北两段，南部是欧人区，北部是华人区。南北两段的道路差别很大，仅南段的路面就比北段宽出6米，建筑风格上也存在着很大的差异。中山路南部的建筑高大雄伟，造型美观，形式各异，大多有高大的山墙和塔楼。而北段华人区的建筑是一些二层楼房，低矮、阴暗、潮湿，样式也大同小异。

在民国时期，中山路南段酒吧、咖啡厅、舞厅、俱乐部、公寓、银行、电影院、教堂、医院等一应俱全。而华人区的中山路多是一些杂货铺、钱庄、当铺、字画店、鞋铺、酒馆、茶馆、澡堂、赌场、大烟馆……华人区的建筑虽然没有欧人区的建筑华丽，但它是民族资本商业的发祥地，在以后的数十年中孕育和诞生了诸如春和楼、亨得利、谦祥益等众多民族商业老字号，带动了整条中山路的持续繁华。

中山路从无到有，经历了起步阶段、发展阶段、黄金阶段、辉煌阶段、衰落阶段和振兴阶段。回首百年中山路，岁月沧桑，令人感叹。

位于中山路北段的 劈柴院（宝箱四）是青岛最有名的美食汇聚地。劈柴院地方虽小，但这里的青岛小吃种类齐全，如鱼丸、烤虾、蛤蜊、烤章鱼、炸蟹腿、煎包、菠萝饭、虾仁煎饺、海星……劈柴院里有一家做排骨砂锅米饭很有名的饭店，排骨炖得酥烂入味，米饭很香，

泡上浓浓的汤汁，不由勾起了人们小时候吃汤泡饭的回忆。当回忆的味道融入眼前的饭中，便觉得有了一种特别的滋味。

劈柴院最初因里面盖了许多临时的商用"劈柴屋"而得名。现在是中山路、北京路、河北路、天津路合围的步行商业街，以餐饮和娱乐业为主。劈柴院不同于普通意义上的商业街，它有着深厚的文化底蕴。在劈柴院江宁会馆，每日都有演出，评书、相声、山东快书、大鼓……老一辈相声艺术大师马三立、著名评书艺人葛兆洪等都曾在此练过摊。

沿着中山路去栈桥的途中，经过一个大上坡，就可以到达**青岛天主教堂**（宝箱五）。走过马牙石铺筑的步行道，来到教堂前的广场，每次都能看到几对正在拍婚纱照的新人。天主教堂的外观的确很适合作婚纱照的背景：教堂两侧各耸立一座钟塔，外部高耸的红色尖塔配以淡黄色墙体，表面雕以简洁优美的纹饰，色彩丰富而又柔美。教堂的窗户为半圆拱形，线条流畅，显得庄重而朴素。大门上方是一扇巨大的玫瑰窗，阳光透过玫瑰窗洒在新人洋溢着幸福的脸上，这一切勾勒出一幅岁月静好的画面。

进入教堂，是一个可容纳千人的宽敞明亮的大厅，色彩斑斓的玻璃花窗透射出柔和的光线。大厅中间是过道，两旁有一排排座位，再两旁是走廊，每一条走廊上立有两个告解亭，供神父接待信徒忏悔告解使用。过道和走廊的尽头设有两个大祭台、四个小祭台。教堂装饰系采用意大利文艺复兴时期的风格，大厅的穹顶绘以圣像壁画，顶棚悬有七个大吊灯，灯光炫目，充满浓厚的宗教气氛。

青岛天主教堂原名为"圣弥厄尔教堂"（也有称"圣爱弥尔教堂"），由德国人建于 20 世纪 30 年代，融合了哥特式与罗马式建筑风格。按照原本的设计，教堂应高百米，但恰遇经济危机席卷全球，又适逢第二次世界大战，由于资金短缺，教堂不得不改为现在的规模。

现在每周日的 8:00—9:00，教堂会做主日弥撒，非教徒也可以参与。教堂中有一架从德国进口的管风琴，样式有点像钢琴，价值不菲，只有在主日弥撒时才会奏响。

青岛天主教堂是青岛地区最大的哥特式建筑，也是基督教建筑艺术中的杰作，是来青岛不应错过的"探宝地"。

海边火车站

  青岛火车站是国内很少见到的仿欧式火车站，红瓦黄墙、高高的塔尖都彰显出火车站的庄重大方；石墙带着浓浓的复古感；拱形窗给火车站增添了一份柔婉的美丽，在阳光下折射出迷人的光芒，非常漂亮。一下火车，看着这气势恢宏的火车站，恍惚间会觉得自己置身于欧洲。

  和青岛许多其他老建筑一样，青岛火车站也是积淀了百年历史的杰作。它是1899年由德国的两位设计师精心设计的，耗时耗力耗财，带着文艺复兴时期的独特风格，特色鲜明。2008年为迎接北京奥运会帆船比赛，政府对这座老火车站进行了修整与改建，建成后的样貌更加典雅迷人，俨然成为青岛的标志性建筑。

  但厚重的历史与独特的外观还不是这座火车站最吸引人之处，火车站位置的优越性才是其他火车站望尘莫及的：它就位于海边，临近青岛著名地标——栈桥！

信号山（青岛迎宾馆、青岛基督教堂）

　　信号山山顶曾建有为船只引航的信号台，因此得名。山不高，石阶小径，亭台楼阁，郁郁林木，是一处闲雅清静的地方。山顶上有三个深红色、蘑菇状的建筑物，其形状特别萌，已经成为青岛市的标志性景观。其中一座建筑有一个缓慢旋转的**双层观景台**（宝箱一），人在其中可欣赏到青岛老城区的全貌：绿色钟楼屋顶的基督教堂、远处的栈桥、与栈桥隔海相望的小青岛；往东南看，近处是青岛迎宾馆，远处是小鱼山……

到了信号山,先不用急着去最高处的旋转观景楼,南坡上有踏浪观景台,就在连心桥附近,是拍摄南边德国古堡式建筑——青岛迎宾馆(宝箱二)的最佳位置。

信号山脚下一条蜿蜒向上的小路尽头就是迎宾馆的所在。这是一座可爱的建筑,花岗石砌的烟囱和窗棂、红蓝相间的尖角屋顶、随处可见的圆柱,还有墙壁上整齐划一的波浪条纹,让人不由被其童话般的样子萌化了。

迎宾馆建于1905年,原为德国驻青岛最高军政首脑——总督的住所,故俗称"德国总督楼"。1897年,德国强占胶州湾,青岛从此陷入殖民统治。作为一个后起的资本主义国家,为证明自己的经营能力,德国力图把青岛打造成为一

信号山!

个"模范样板",与英国在中国强占的香港一决高下。1898年9月2日,青岛首个建设规划正式公布。在这个规划中,大小建筑罗列了很多,其中最引人注目的还是总督楼。

总督楼于1904年正式开工,为保障建筑质量,特地从德国聘请建筑设计师、专业技术工人,本地无法生产的建筑材料、机械设备等则直接从德国运来。总督本人下班后亲临工地视察,甚至登上脚手架检查施工质量,决不允许出现一点纰漏。总督楼在1906年1月落成后投入使用,是德占时期青岛最豪华的建筑之一,至今已经历了100多个春秋。

青岛著名文史专家鲁海说,从18世纪到现在,世界上共留存100多个总督府,但综合规模、艺术、布局等诸多方面,总督楼是最雄伟、最具代表性的一处。由于经历了两次世界大战的战火,20世纪初建造的这一德国古堡式建筑,哪怕在欧洲大陆甚至德国也不多见了。

青岛迎宾馆!

总督楼是由石钢砖木混合建成的四层楼，内部是宫廷式木质结构，每一个细节都能体现出德国的工业设计水准。可拉伸的吊灯、窗台的凹槽、水晶的镜子、象牙琴键的钢琴、宝石镶嵌的廊灯、金黄色的地板，样式低调又极尽奢华。此外，还有太多让人难以想象的设计和创造，如防炮弹的石柱、旋拧的柜门、两层的抽屉……

总督楼令人印象最深的是那个空中览阁（宝箱三），它看似是个由彩色玻璃装饰的看台，实际门上装有特殊"猫眼"。若有人来访，仆人就把客人领到大厅中间的小接待室，总督通过览阁中的一块透明玻璃窥视来决定是否接见。

总督楼还保存了不少当年的旧物，包括毛泽东主席等人住过的房间，并收藏着很多稀世珍品。如果你来到这里，建议请一个向导和你说说那些看似普通的家具背后的玄机与历史。

　　总督楼采用了当时一流的设计和施工方式，工程质量过硬，德国人本指望在这里待上千百年。颇具讽刺意味的是，从大楼建成到最终的黯然撤离，德国人在里面行使权力的时间没超过 8 年。1914 年第一次世界大战爆发，日本取代德国占领青岛后，这里又成为日本驻青岛守备军司令部。

　　中国收回青岛后，总督楼成为胶澳商埠督办公署，1925 年 7 月改为胶澳商埠局办公地，1929 年 4 月成为青岛接收专员公署，同年 7 月成为青岛特别市政府所在地。1938 年 1 月日本第二次侵占青岛，总督楼成为青岛特别市公署和后来的青岛特别市政府驻地。1945 年抗日战争胜利后，南京国民政府接管青岛，再次将总督楼作为青岛市政府的所在地。

　　青岛基督教堂（宝箱四）是信号山公园旁的另一个著名景点。基督教堂虽然没有天主教堂看起来那么华丽，但是建筑风格和色彩更能吸引年轻游客。跟总督楼一样，基督教堂也是德国古堡式建筑，大钟楼顶部为绿色铜片，大堂顶部为红色筒瓦，外墙底部由蘑菇石砌成，十分可爱。

这座教堂的礼堂大厅足够容纳1000人，尽头的墙壁上有一圆形琉璃窗，前面摆设着一个大十字架，充满宗教的神圣感。礼堂摒弃了烦琐的装饰，只是一个四壁白墙的穹顶大厅。圣堂上摆满的百合花传来阵阵香气，不由让人觉得这里更圣洁了。厅内的地砖和四周的柱子上端都用变形的葡萄枝图案作装饰。因为《圣经》里说，耶稣是葡萄树，而信徒是葡萄枝。

基督教堂有三面大钟，均有100多年的历史，至今仍能准确运转，不禁让人惊叹当时的工艺。爬上**钟楼**（宝箱五）又窄又陡的楼梯，可以一边看着玻璃橱窗里大钟的构造，看着无数的齿轮和轴承在滴滴答答地运转，一边听着教堂的钟声。

青岛之争

19世纪末,青岛成为重要的港口码头。那时德国刚刚统一不久,其经济增速大大超过英法等传统强国,于是便有了一个更大的野心,即通过建设一个殖民统治的"模范样板"向世界证明,德国在殖民统治方面同样超越那些老牌帝国。相比天津这类港口城市,那时的青岛如同一张白纸,正好任由德国人规划,于是他们便瞄准了青岛。

1897年,两名德国传教士在山东西南部被大刀会会员杀死,史称"巨野教案"。6天后,也就是消息传到德国首都柏林的当天,德国皇帝威廉二世下令以此为借口,派出三艘战舰驶抵胶州湾,之后强行登陆。

还能看到德国第二海军营部大楼旧址!

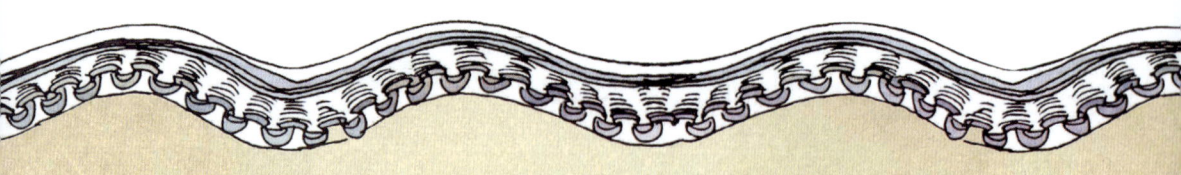

　　由于清廷的外交权和军权都把持在主和派手中,驻守胶州湾的两千清军在德国军舰抵达胶州湾的第二天就不战而退。700名德国海军士兵不费一枪一弹就堂而皇之地占领了胶州湾。

　　弱国无外交,鉴于当时德国和清廷之间经济军事实力悬殊,清廷无力改变胶澳地区被德国占领的既成事实,于1898年签署了丧权辱国的《胶澳租借条约》,德国就此拥有了青岛99年的"租借"权。1899年,"青岛"就从一个海中小岛的名称上升为一个区域性的地名。

　　德国为了证明他们的"殖民实力",在这块土地上可谓花了血本,仅用两年时间便建成了完全德式风格的现代化港口城市,行政机构、医院、学校、教堂、港口、车站、店铺及工业区一应俱全,这得益于统一规划、统一施工,以及德国人严谨认真的工作态度。青岛市区建筑虽风格各异,却显得错落有致,浑然一体。

　　以当时世界上最先进的技术、理念建设的青岛港,从建成之初就被誉为"远东第一大港",许多方面都超越了香港、上海。德国人打造"模范样板"的目标初步实现。在德国人占据青岛17年后,第一次世界大战爆发,对青岛觊觎已久的日本于1914年趁机对德宣战。

　　1914年,日本通过"二十一条"将青岛纳入囊中。德国人苦心经营了17年的"模范样板"由此落入日本手中。第一次世界大战对中国的政治产生了极其深远的影响,5年后爆发的"五四运动"的口号之一就是"誓死力争,还我青岛"。以"五四运动"为起点,共产主义运动在中国日益发展壮大。

德国监狱旧址博物馆——青岛市民俗博物馆

德国监狱旧址博物馆（宝箱一）的主体是一栋德国古堡建筑，最开始为德国关押非中国籍犯人的监狱。日本第一次侵占青岛时期（1914—1922年），这里成为日本守备军囚禁场，监狱建筑群由"仁"字号、"义"字号、"礼"字号、"智"字号、"信"字号五座监房和一座工厂组成。

  博物馆一层原是关押德国水兵的监房，床铺齐备，透像幻灯逼真地复原了囚犯的生活原貌。从门上的小孔望进去，里面是用电子技术模拟的两个德国违纪士兵被囚的情景，表现了他们孤独、无助、思乡等复杂的情绪。二楼的囚室曾经关押过两位烈士，其中的李蔚农曾经与周恩来一起留学法国，原籍安徽，牺牲于青岛。囚室里有他的硅胶人像，栩栩如生。三楼都是空屋，透过牢门上的小孔可以看到里面堆放了一些杂物。这三层楼配上警报的响声，有一些阴森森的，但还不算恐怖。

  顺着西边塔楼的半圆石阶而下，来到阴暗潮湿的地下室，室顶的高度低了许多。狭小的空间里，有日本人修建的水牢和审讯室。老虎凳、皮鞭、脚镣……各种令人毛骨悚然的刑具挂在墙上，触目惊心，让人觉得阴冷。从地牢出去看到阳光，顿感一身轻松，体会到自由的可贵。

  离德国监狱旧址博物馆不远的青岛市民俗博物馆（宝箱二），也称天后宫，始建于明朝，是青岛市区现存最古老的明清砖木结构建筑群，正所谓"先有天后宫，后有青岛市"。

在整个青岛地区的古代建筑中，天后宫的建筑艺术和彩绘艺术都是首屈一指的。1996年，青岛市政府对其进行了全面修复，并将其辟为"青岛市民俗博物馆"，其主要景点有：山门、福鼎、圣母殿、龙王殿、财神殿、六十甲子星宿神殿、民俗博物馆、钟楼、鼓楼。

天后宫为二进庭院。有正殿、配殿、前后两厢、戏楼、钟鼓楼及附属建筑共16栋80余间，是一处具有民族风格的古建筑群。除戏楼为琉璃瓦盖顶，其他建筑均为清水墙、小灰瓦，经苏州式彩绘点染，雕梁画栋，金碧辉煌。

与山门对应的是天后宫正殿，正殿内供奉着天后——妈祖。这尊**妈祖像**（宝箱三）由整条樟木雕刻而成，并且在妈祖故里莆田开光分灵，高2.8米，是目前世界上最大的木雕神像之一。两边还有妈祖的护将"千里眼"和"顺风耳"的雕塑，整个正殿显得庄严肃穆。

正殿两边的房间为民俗博物馆，展出民俗文物100多件，是中国民间文化的缩影，也是我国民俗艺术的写照。

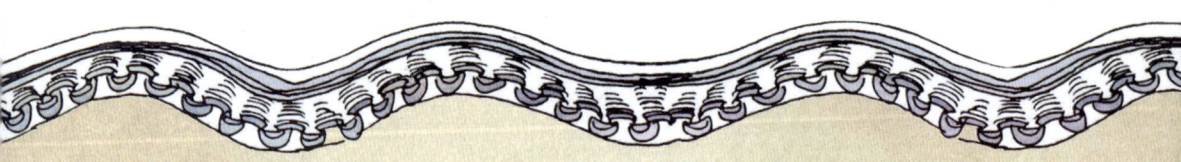

日德之战

历史上，日本侵略者曾两次占领青岛，实行殖民统治累计长达15年之久。1914年，第一次世界大战爆发，对青岛垂涎已久的日本随即对德国宣战，德军战败投降。在这次战役中，德军战死150人，被俘4000余人，日军死亡1000余人。

日德之战给青岛人民造成了深重的灾难，人员伤亡、财产损失更是无法统计。市区内商业停滞，市面萧条。到战役结束时，整座城市已经呈现出一片残破不堪的凄凉景象。日本从此取代了德国，开始了对青岛长达8年的殖民统治。

经过轰轰烈烈的"五四运动"，以及中国人民不屈不挠的斗争，日本被迫于1922年12月将青岛归还中国。

市井老城区

或许每个城市都有这样一块地方，这里房屋老旧、业态单一、设施落后……但承载着厚重的历史，折射出城市的性格。青岛市南区的"历史城区"就是这么一块地方。在这片区域内，很多道路四周的墙面都泛黄了，路旁的店牌也已老化变色，仿佛能让人感受到时光留下的痕迹和故事。

黄岛路、四方路、海坡路、芝罘路等 12 条街道构成的"历史城区"，乃以前的华人居住区，是青岛最具市井气息的地方。街区的里院建筑群融合了地域文化和外来文化，是青岛乃至全国特色民居的典型代表。

里院兼具欧洲联排住宅与中国四合院的建筑风格，可以在有限的空间中容纳更多人居住。四周的建筑合围，中心形成一个大院。建筑通常有 2—3 层，底层多为商业用房，二层以上为住宅。

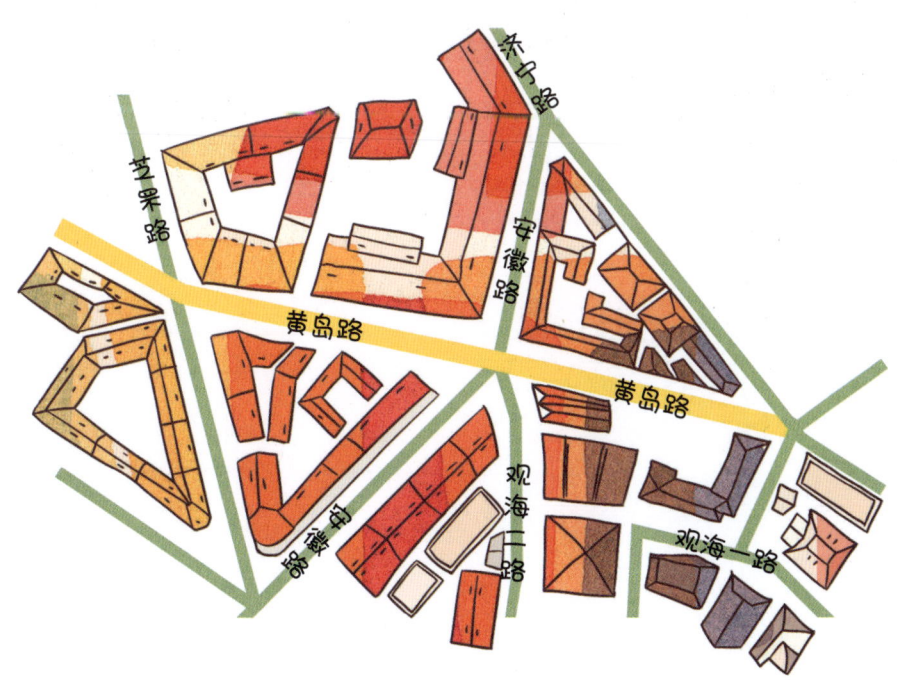

　　从平面布局来看，里院街坊比西方住宅更人性化，每一户多是单间居室，院落入口常设立一个中国传统的影壁遮挡。为使中国人适应西方的高层楼，用置于院子一侧的木质拱廊和室外楼梯相连。这样，即使是二、三层楼，也可以做到像中国传统的带院子的建筑一样，有一条通道使各房间直接连接户外。

　　德占时期，青岛以观海山为界，以北的大鲍岛划为华人区，以南为欧人区，不允许华人在欧人区内建房居住。欧美人居住的区域街道宽敞，建筑华丽，上下水道也齐全，生活十分便利；中国人居住的区域与之则有很大的反差，不但街道狭窄、房屋简陋，而且上下水道不进户。

　　里院就是在这样的大时代背景下，成为老青岛中下层市民最普遍的民居形式，是早期青岛社会的一个缩影。各行各业、不同阶层的人在里院内结成了和睦的邻里关系，逐步形成了一种有独特的温暖、有人情味的地方生活方式。"广兴里"大院就是这种生活方式的代表。

广兴里（宝箱一）位于海泊路63号，沿街而建，是四座三层楼围成的标准里院式建筑，具有120多年历史，总建筑面积达3300多平方米，有150多间房，每间房的面积有10多平方米。

20世纪三四十年代的广兴里十分繁华，据说最繁盛时居民达300户之多，堪称"岛城之最"。里面既有租用固定铺位经营的商户，也有一些流动摊位，不仅有饭店、百货店、茶社、服装店，还有戏院、理发店、打铁铺等。当时青岛的文化部门利用广兴里院内的一半空地建了一个小型电影院，取名为"小光陆"。这是青岛最早放映无声电影的场所之一。院内可容纳200多名观众，因此票价较为便宜，吸引了不少附近居民前来观看。广兴里最辉煌的时候，老百姓日常的生活所需，这里几乎都能满足。当时流行的一句话是"有钱不用出里院"。直到20世纪60年代初，随着各种生意逐渐衰落，这里遂成为纯粹的居民院。

如今政府已经将广兴里修缮一新并向公众开放,对里院文化感兴趣的人可以前去深入探访。

广兴里不远处的黄岛路(宝箱二)曾是当年青岛市民休闲娱乐之地,当铺、饭店……各行各业都汇聚于此。

时光荏苒,如今的黄岛路已经褪去了当初喧闹的外衣,只有中段的"一步半"依旧存在着。"一步半"是黄岛路中段的石阶路,在岛城独具特色。青岛有许许多多石阶路,但黄岛路的与众不同,它没用花岗岩,而主要用大的青石板。其他台阶路均是一步上一个台阶,黄岛路则不同,它每一级很矮,约4厘米,又很宽,多数人的步伐,一步迈不上一个台阶,两步又用不着,所以青岛人叫它"一步半",在这里心急也走不快。雨后的青石板石阶泛着水光,颇有韵味。

与黄岛路交界的四方路,以前一直是这片老城区的中心,它的西边是青岛最有名的商业街中山路;北边是人气爆棚的即墨路小商品街和海泊路精品街;西北稍远一点是红极一时的劈柴院小吃街;南边则是充满家常味的黄岛路菜市场和肥城路水产市场。这种特殊的市井环境很适合百姓居住。20世纪90年代,这里一度成为年轻"吃货"们最喜欢去的地方。

只是这老街、这马路市场、这演绎着市井生活与人间烟火的生活剧场,已经慢慢地消逝在时光中。现在这片老街的马路两旁,静静伫立的旧楼老房显出几分落寞。也许等这片历史文化区修缮好,来"探城寻宝"的游客多起来后,会给这片老城区带来另一种热闹吧。

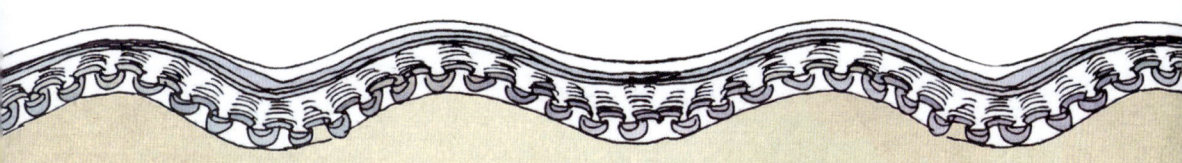

中西结合的里院

青岛里院建筑最早起源于20世纪初大鲍岛的"中国城"内,至今已有上百年历史。"里"和"院"最初是不一样的。"里"先诞生,"里"的居民大多是教师、公司职员、公务员等;"院"住的大都是产业工人。到20世纪30年代,青岛形成了规模庞大的里院居住区。20世纪八九十年代青岛建筑普查,粗略统计青岛有近600个"里",近200个"院"。

中西文化交融在里院建筑形式上体现得尤其明显。走进西式的镂花铁门或厚实的木质大门,里面的院落里随处可见影壁雕花、彩绘廊檐、青砖地面等中国古典元素,西方的商住式住宅与中国的四合院完美融合。

里院属于院内天井式居住院落,形式上有独院、两进院、三进院等。院落仰可以观日月,俯可以看花草。如果从空中俯瞰,会发现各个院落之间呈现出迷人的、不规则的几何图形,而且几乎没有两栋是一样的,千姿百态,充满着神秘的韵味。

里院内向型的院落结构也让中国式宗族邻里的传统文化得以传承。里院的居民如同一个古代的大家族,每家每户有自己独立、私密、封闭的生活空间,但推开门,长廊、水龙头、卫生间、天井,所有这些都是公用的。大家每日抬头不见低头见,彼此通常以家庭式的长幼辈分称呼,过着幸福感相差无几的日子。这种

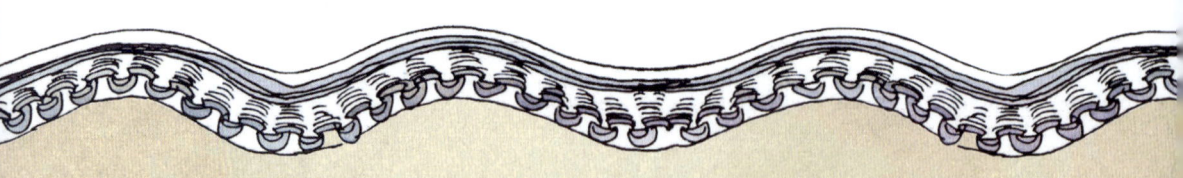

其乐融融的温情让每一个住在里院的人有着自然的亲近与安全感。

里院的名字本身也是一种文化符号。就"广兴里"而言,其原名"积庆里",据说取自"积善之家,必有余庆";后改为"广兴里",也有"广善积德,兴盛荣庆"之说。人们住在里院中,更是住在了吉祥的氛围里。有时候邻里街坊喊上一嗓子,就能引来整个里院一阵欢笑。和如今的高楼大厦相比,里院朴实的烟火气息才真正体现了青岛平民阶层的生活方式,居住者的一言一行,生活里的鸡毛蒜皮,走廊里的嬉笑怒骂,皆是里院文化之所在。

直到现在,里院仍大量存在于老城区中。这些起起落落的里院老宅,就像一部中西结合的交响乐,穿越了历史的漫漫长河,在我们的耳畔轻轻奏响。

大学路

大学路是近几年青岛的"网红代表",大学路和鱼山路的那个红墙拐角,随时都有人在排队等待拍照打卡。如果幸运遇到人少的时候,就能细细品味这条路的底蕴和美。

大学路两侧栽种着高大的法国梧桐树,掩映在绿树丛中的是德国风格的红瓦黄墙房屋。这里有众多的名人故居,还有不少精品小店和咖啡馆。**大学路咖啡馆**(宝箱一)的外墙装饰都很有创意和特色,极具情调,随手一拍都是风景,吸引了无数游客前来打卡。

大学路上有着青岛的两大文化标杆——老舍故居和荒岛书店。**老舍故居**(宝箱二)又称骆驼祥子博物馆,是一座二层的、红顶黄墙的欧式建筑,坐落在青岛大学附近的一条小巷里面,并不显眼,如果不是特意去找,很容易错过。

1934年8月,山东大学聘老舍为中文系教授,设"小说作法""外国文学史"等课程,于是他一家迁来青岛居住于此。在青岛的3年中,老舍先生在授课之余辛勤写作,创作了许多文学作品。正是在这里,老舍先生创作了被译为12国文字、在20个国家出版的长篇小说《骆驼祥子》。

老舍故居一楼是骆驼祥子博物馆的主展览场馆,其中的创作厅对当年老舍的书房进行了部分还原。二楼及阁楼作为文艺沙龙使用。二楼还有具有20世纪30年代特色的茶室。

修复后的院内有老舍头像和人力车夫雕像。老舍作品墙和《骆驼祥子》连环画墙,通过陶版画的形式进行展现。此外,还有舒乙先生(老舍儿子)亲自绘制的《祥子行动路线图》。如果对老舍先生感兴趣,时间又充足,可以先读完《骆驼祥子》一书,再到这个专题博物馆走一走。

<u>荒岛书店</u>（宝箱三）开在老舍故居一隅，黄灰色的外墙、红褐色的门窗、简易的实木招牌，低调而不乏文艺气质。走进书店，20 世纪 30 年代的实木老家具映入眼帘，老舍、肖红等人的肖像陈列在书架上，有着 80 多年历史的《生死场》和《八月的乡村》作为镇店之宝摆放在书店的显眼位置。

荒岛书店是青岛知名的独立书店，是 20 世纪文化名人最爱逛的书店。"青岛不荒岛"，创立百年之久的荒岛书店早已成为青岛的一座精神灯塔，寄托着一代代文人的情怀。现在书店里很多老物件都是 20 世纪三四十年代的，书店的每一本书也都是经过精心挑选的。书店主人还在店内摆了几张座椅，供选书、买书或者偶尔驻足的人们稍事休憩、翻阅浏览。

青岛市美术馆（宝箱四）离老舍故居不远，其建筑非常有特。这个美术馆原来是"万字会"会址所在地，该会主张五教合一，故其建筑融合了五种宗教特色。美术馆有三进院落，分别为罗马式建筑、中国传统风格建筑和阿拉伯式建筑，是风格独特的建筑群。

美术馆内的博物馆主要讲述了青岛德占时期的一些历史，是一个了解青岛文化的好去处，而且去的人并不多，十分安静。

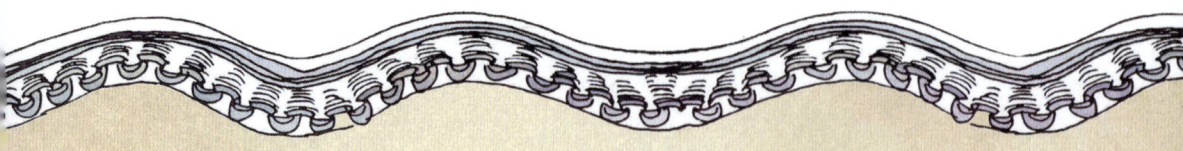

大文豪老舍的一生

老舍本名舒庆春，1899年生于北京一个旗人家庭。1913年，老舍考取公费的北京师范学校，毕业后当过小学和初中的教员和校长，后赴英国，在大学任华语讲师。他利用业余时间阅读了大量英文作品，并开始文学创作。1926年，他在《小说月报》上发表了第一部长篇小说《老张的哲学》。1929年离英回国。

1930—1937年，老舍先后任教于济南的齐鲁大学和青岛的山东大学，1936年创作了长篇小说代表作《骆驼祥子》。《骆驼祥子》以北平人力车夫祥子的人生为线索，以祥子力图通过个人奋斗摆脱悲惨的生活命运，最终失败以至于堕落的故事，向人们展示了军阀混战、黑暗统治下北京底层贫苦市民的生活图景。

抗日战争一爆发，老舍立刻放弃已经写了几万字的两部长篇小说，转而成为通俗文艺最热心的倡导者和实践者。他先后在济南、武汉、重庆等地与演唱曲艺的艺人讨论编写抗战鼓词的问题，自己也写了各种形式的宣传抗战的通俗作品，包括京剧、鼓词、相声等，供艺人演出。随后，他又开始创作话剧，有的号召民族团结，有的歌颂爱国将领，有的揭露"大后方"的腐败堕落，抗战救国是这些作品的共同主题。

抗战结束后，老舍于1946年3月接受美国国务院邀请，赴美讲学。他在美国写完了《四世同堂》第三部及长篇小说《鼓书艺人》。1949年12月，老舍应周恩来委托文艺界之邀回到北京。1966年，67岁的老舍自沉于北京城外的太平湖。

康有为故居

鲁迅公园往上走没有多远便来到福山支路，康有为故居（宝箱一）就在这条路上。它已经有 100 多年的历史了，到现在还是保存得非常完好，院子打扫得非常干净，屋里的摆设还保留着当年的样子。

这座故居最早是德国官员在青岛的官邸，房屋为砖木结构，内部家具为清朝第二代恭亲王溥伟所赠。1923 年康有为来青岛后便买下此楼居住。他十分喜欢这里，说"青岛此屋之佳，吾生所未有""此屋卑小而园甚大，望海碧波仅距百步"。由于宣统皇帝溥仪曾题书"天游堂"匾额赐给康有为，所以康有为将此宅取名为"天游园"，每年都要在此住一段时间，直到 1927 年 3 月 31 日病逝。

圣保罗教堂

圣保罗教堂（宝箱一）位于市南区观象二路1号，所以也被人们称为"观象二路基督教堂"。教堂始建于1938年，由俄国建筑师尤力甫设计，外墙由暗红色的砖砌成，罗马式的建筑显得古朴而庄重。圣保罗教堂的单座钟楼是青岛五大钟楼之一。

教堂内部低调素雅，没有太多的装饰，平日里不能进，只有周日可以进来做礼拜，游客很少，大部分是虔诚的信徒。礼拜日还会有唱诗班，即使不是教徒，听着这样的音乐，也会感觉自己的内心平静了下来。相比于游客喧闹的青岛基督教堂、青岛天主教堂，圣保罗教堂更加贴近寻常信徒的生活，让人觉得质朴又亲切。

湛山寺

　　湛山寺（宝箱一）是青岛市区内唯一一座佛寺，坐落在市井中的僻静之处，离中山公园不远。寺庙依山而建，面积很大。湛山寺的历史并不长，建成于1945年，但名气很大。因为据说很灵验，来朝拜的香客不少。可能漫步在湛山寺清幽的环境里，一颗浮躁的心能平静下来，原来想不通的问题也能迎刃而解了。

青岛第一海水浴场—八大关

　　青岛第一海水浴场（宝箱一）是青岛最负盛名的海水浴场，海面辽阔，坡度缓长，沙细水清。盛夏时节，游泳者每天都挤满了这里的海滩。相比其他几个海水浴场，第一海水浴场的人最多。如果想游泳，行程中又包含了八大关，那么可以去第二海水浴场，那里的景色更漂亮，人相对要少许多，水质也比第一海水浴场好一点。

　　沿着第一海水浴场旁边的海边栈道走不到十分钟，就能来到八大关（宝箱二）。"八大关"这个名字乍听起来让人感觉云里雾里的，其实是一片海边风景疗养区，建于20世纪30年代，由当时的南京国民政府组织建造。取名"八大关"是因为这里有八条马路（现已增加到十条），它们以中国古代长城著名的关隘命名：正阳关、紫荆关、山海关、武胜关、嘉峪关、宁武关、居庸关、韶关，后来还加上了函谷关与临淮关。如果时间充裕，每一条道路都值得去看一看。

　　八大关这一片几乎融合了所有青岛独特的元素：大海、海滩、礁石、德式老别墅……整洁的马路两旁种有法国梧桐、雪松、紫薇、银杏……八大关在这些植物的护卫下，呈现出一份安静和怡然。

　　八大关的别墅和宅院具有俄、英、法、德、美、丹麦等不同国家的建筑风格，有"万国建筑博览会"之称。其中几个比较著名的建筑是：欧式花石楼（黄海路18号）、苏联公民协会旧址（韶关路26号）、日式元帅楼（山海关路17号）、西班牙式朱德别墅（太平角一路1号）、法式乡村别墅（山海关路1号）、丹麦式公主楼（居庸关路10号）、美式宋家花园（居庸关路14号）、欧陆风情的比利时领事馆（太平角一路21号）……如果在这里拍照，估计会被朋友认为身在欧洲呢。

　　八大关的每一座建筑几乎都精致大方、独具风情，而花石楼（宝箱三）尤为显著。花石楼是位于第二海水浴场东端岬角上的一座临海别墅，融合了希腊、罗马和哥特式建筑风格，是八大关中最著名最古老的建筑之一。它没有迎宾馆的富丽华贵，却又比其显得更气势恢宏。它静雅地伫立在秀丽的太平湾海岸，如此浪漫，如此从容。

　　花石楼共五层，地上四层，地下一层。花石楼的美并不浮夸，它的色彩感并不强，用青岛本地花岗岩筑成的主体墙面显得高雅，正是这种石头色给予花石楼更多的历史感与沧桑感，由内而外散发出一种贵族气质。白色的窗子嵌以五彩玻璃，外墙爬满的绿色藤蔓和原色花岗岩墙壁相得益彰，更添了几分深沉与神秘。

据说，花石楼起初是叫"滑石楼"，由于室内用壁炉取暖，滑石镶壁，而"滑石"与"花石"谐音，又加上花石楼外墙采用花岗岩砌成，故人们称"滑石楼"为"花石楼"。一说认为，花石楼建成于1931年，起初为私人住宅，是十月革命之后来青岛定居的俄国公爵涞比池的别墅，后几经易主。抗日战争胜利后，这里成为用于招待的小别墅。1949年，蒋介石、宋美龄曾下榻过一段时间（关于这一说法虽有争议，但花石楼还是被公认成蒋介石的住所），陈毅、董必武等领导人也曾居住于此……花石楼也因此名气更大。

进入花石楼，左边是螺旋楼梯，右边第一间为会客厅，红木家具古香古色，厅中陈列着陈毅元帅和家人的照片；往里走是一间休息室，一张清代罗汉榻特别醒目，榻边有一只收音机，说不定某位历史名人还用它收听过新闻呢；再往里走像是客厅又像是书房，一张"居安思危"的匾额不知原本应在何处，如今就立在座椅之后。值得一提的是，花石楼每层的房间都是相通的，这可能是基于安全的考量。

花石楼二楼现不对外开放；三楼已经改成商品陈列室；四楼是望塔，不设窗；五楼是观海台，第二海水浴场和烟波浩渺的海面近在眼前。楼外的小院中，松树成点阵式排列，浓荫蔽日。为了便于新人结婚拍摄外景，还增加了门廊、一箭双心跷跷板、天使塑像、月亮船等，所以现在这个小院也有个别名，叫作天使花园。

　　八大关里最漂亮的建筑要数**公主楼**（宝箱四）了，蓝白色的外墙面，尖尖的屋顶，带着几分清秀，相较于外表粗犷的花石楼，公主楼则名副其实像一位优雅的公主。当年丹麦王子到青岛，因喜爱这里的风景而建造了这座丹麦风格的建筑，原本想在建成之后请丹麦公主来青岛避暑消夏，可丹麦公主却从没有机会来过，而"公主楼"的名字倒是由此流传出去了。

　　八大关最美的时分是秋季的夜晚。夜晚的八大关静谧却不寂静。顺着坡道漫步，走过一栋栋蕴含着历史韵味和异域风情的老建筑（可惜大部分小洋楼不能进去参观，只能在外面看看），耳边传来海浪拍岸的声音，黄色的银杏叶在路灯下旋转飘落，真让人想把时间停留在这一刻。

青岛"洗海澡"指南

青岛人将在海里游泳称为"洗海澡"。青岛有很多海岸具有游泳的条件，如第一、第二、第三、第六、石老人、金沙滩、银沙滩、灵山湾（城市阳台）和仰口海水浴场……

第一海水浴场离市中心较近，由于汇泉湾得天独厚的地理环境，这里是欣赏山海相连的海滨美景和日落霞光的好去处，所以人也最多，浴场配套设施也很完善。

第二海水浴场与八大关别墅区相邻，山海景观异常美丽。浴场西部的海滩上有不少鹅卵石，吸引游人前来采拾。浴场东边还有一条石头垒成的堤桥延伸到海里，常有人在此散步。

第三海水浴场位于市南区太平角，面积比第二海水浴场大些，是市中心难得的游人密度较小的海水浴场。这里的风景非常优美，有不少人带帐篷前来，或在浴场租借。这座浴场还提供皮艇、滑翔伞等户外海上运动器材。

第六海水浴场就在栈桥，沙滩面积不大，岸上有不少卖旅游纪念品的商家。

石老人海水浴场位于崂山区，离青岛极地海洋世界不远。由于直接面对外海，海浪较大，水流较急，暗流涌动，所以水性较差的人在这里游泳需格外注意安全。

其他几大浴场离市中心有一定距离，可以根据住宿地来选择。

鲁迅公园—中国人民解放军海军博物馆—青岛海底世界

鲁迅公园（宝箱一）是个免费的海滨公园，里面有鲁迅雕像和鲁迅诗廊。很多城市都有鲁迅公园，但青岛的鲁迅公园地理位置极好，靠在海边，邻近栈桥、中国人民解放军海军博物馆、青岛水族馆，另一边是第一海水浴场，对面是小青岛。

鲁迅公园背靠一片葱郁葱茏的黑松林，公园里回环曲折的石砌小径直通海边。可以在海边买个塑料小桶，跟着当地人一起去赶海，抓螃蟹、小虾，拾起五光十色的贝壳，体验最原汁原味的青岛，很有趣味。

黄昏时分，夕阳洒在鲁迅公园海边褐红色的礁石上，海面波光粼粼，眼前浪花舒卷、起伏跌宕，远方风帆点点、鸥鸟竞翔，一切都是那么恰到好处，那么完美。

青岛是海军北海舰队司令部所在地。青岛的很多地方都与海军相关，比如现在在八大关还住有很多以前的海军家属。鲁迅公园旁边便是 中国人民解放军海军博物馆（宝箱二）。它是我国目前规模最大的一处反映中国

人民解放军海军面貌的综合性博物馆，以前是海军驻青岛部队小型舰船的停泊处，1991年改建为博物馆，应该会成为军事迷喜欢的探宝地。

海军博物馆分为室内展区和室外展区。室内主要展示一些从古至今的和中国海军相关的资料与文物，室外主要展示武器装备，比如小型舰艇、飞机、导弹、火炮、两栖坦克等。博物馆的重头戏是临海停靠的那些已经退役的军舰，包括我国第一艘驱逐舰"鞍山号"，其中有几艘潜艇，游客可以上去近距离参观。曾经叱咤风云的战舰如今安静地停泊在港湾中，尽管略显苍老陈旧，但从这里眺望远方碧海蓝天下安宁的青岛，再回想起曾经的战争岁月，让人无法不对它们心生敬意。

"没看过海底世界，别说你到过青岛"，这句经典的广告语在青岛随处可见。青岛海底世界

就在鲁迅公园旁。其实各地的海底世界场馆都差不多,青岛还有一个比海底世界大很多的极地海洋世界,但青岛海底世界(宝箱三)明显有其他海底世界不具备的独特优势。它位于市中心的海边,旁边就是第一海水浴场,离火车站也很近,附近吃住行都很方便,而且里面还有专门的水母馆。

来到青岛海底世界的海洋生物馆(标本馆),一进门就能看到一副抹香鲸的骨架,这个展馆里展出的主要是珊瑚、海藻、贝壳、龙虾、蟹、海参等标本。其他展馆展出的都是活的海底生物,在海底隧道和各种水池旁能近距离观看鲨鱼、海龟、鳄鱼等。梦幻水母馆中的上千只水母在灯光的映射下争奇斗艳,有的色彩艳丽就好像盛开的大丽菊,有的晶莹剔透好像一触碰就会碎掉,有的绚烂如同华丽的灯盏,有的轻盈得像舞动着长袖的飞天……

除了这些奇幻的水母外,海底世界里还有同样色彩斑斓的珊瑚,种类之丰富、颜色之绚丽令人称奇。最后可以到海底表演大厅看平面展窗内如诗如幻的人鱼表演,演员们在水中再现了美人鱼公主与王子的浪漫爱情故事,非常精彩。

如果你没有去过其他城市的海洋馆,而且来青岛的时间不是特别充裕,那么位于市中心的青岛海底世界不失为一个很好的选择。

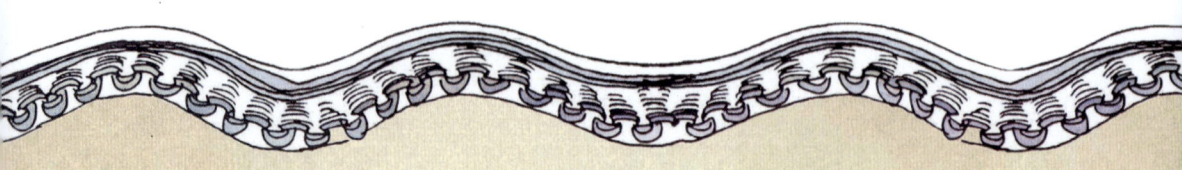

古老的"绝命毒师"

梦幻水母馆无疑是青岛海底世界最吸引人的展馆之一。水母一张一合的身体仿佛牵引着每个注视者的思绪,将他们带入那个蓝色的梦幻世界里。下面介绍几个关于这种美丽又神奇的海洋生物的有趣知识。

1. 水母是腔肠动物,是一种古老的低等生物,平均寿命只有数个月。

2. 水母整体呈伞形,它们在运动的时候,通过伞体的收缩运动来形成水流推动前进。它们前进的速度很慢,依靠触手捕捉小鱼或小虾为生。

3. 水母通体含水,含水量高达 90% 以上。

4. 每只水母大约含有 50 微克的发光蛋白质,水母就是靠它来发光的。

5. 水母被称为"温柔杀手""绝命毒师"。它们外表美丽无比,但触手却具有毒性。每年都有很多人被水母蜇伤。一般被水母刺到会感到疼痛并出现红肿,涂点消炎药过几天就会消肿止痛,但如果被毒性很强的水母刺到,如北极霞水母(它的伞体直径可达 2—5 米),则有可能让人立刻毙命。

崂山

动画片和影视剧里面经常会说到"崂山道士"。在很多人的印象中,崂山是传说中某个遥远的道家仙山。道士嘛,自然是仙气十足,神秘莫测。

其实崂山真实存在于青岛,它位于青岛市区以东的黄海之滨,是我国万里海岸线上的最高峰。崂山山脉连绵起伏,雄伟壮观,岬角、岩礁、滩湾交错分布,形成瑰丽的山海奇观,因此自古就有"海上第一名山"之称。

崂山是道教名山,名道士张三丰、王重阳都曾涉足崂山。丘处机三次来崂山说法阐教后,"北七真"在崂山各创宗派,争建道观,逐渐有了"九宫八观七十二庵"之繁荣,使崂山成为"道教全真天下第二丛林"。崂山佛教同样源远流长,法显、憨山等一代名僧,"螳螂拳"创始人于七(华严寺第二代住持),都曾在此弘扬佛法。

除了道教佛教,崂山还供奉着一些本土的神祇。自古崂山人视狐为瑞兽,流传着成仙的狐狸救人解难的故事,如得罪它,也会给人带来灾难。出于敬畏,崂山人称狐为"狐仙"或"胡三太爷"。在崂山东南边的华严寺后山,就有专拜狐为仙的"寂光洞",当地人叫它"狐仙洞"。庙里供奉着长着白胡子的"胡三太爷"。每年农历正月初八是它的生日,人们每到这个时候会举办庙会,焚香敬拜。

崂山海拔1132.7米，并不算很高，但范围很大，包含了7个景区：巨峰（崂山顶峰）、流清（乘车观海佳地）、太清（崂山最著名的道观所在地）、棋盘石（峰上之峰）、仰口（海滨度假胜地）、北九水（山水结合的峡谷风貌）、华楼（花岗岩叠石风貌）。这几个景区可以分为三条游览线路，一般一天只能游览一条线路。此次寻宝之旅选择了太清—棋盘石—仰口这条线路，既能观赏到海景和山景，还能感受到这座道教名山深厚的文化底蕴。

太清—棋盘石—仰口的门票包括了来回搭乘大巴的钱，因为景区之间很远，通常需要坐大巴才能到达。

第一站下车是在八水河，沿着八水河向上登山，途经龙潭水库、龙潭瀑、上清宫、太清宫。太清宫是太清景区最重要的景点。崂山作为道教名山，过去最盛时有"九宫八观七十二庵"，全山有上千名道士。太清宫是崂山上现存最著名、历史最悠久、规模最大的道观，据说始建于西汉，迄今已有2100多年历史，历朝历代均有"名道士"在此居住修行，这更为崂山增添了一层神秘色彩。

太清宫共分三个院落，各立山门。三官殿供奉"天官、地官、水官"三神像（尧、舜和禹）；三清殿内奉"玉清元始天尊、上清灵宝天尊、太清道德天尊即太上老君"，故名"三清殿"；三皇殿供奉"伏羲、神农、轩辕"三帝。

太清宫里有很多茶花，据说为明初道士张三丰手植，已有600余年的历史。这里的人们称茶花为耐冬，每到冬天，茶花枝头开满红色的花朵，在大雪中显得特别鲜艳夺目。太清宫里有一些千年古树，其中有两棵银杏树据说是宋太祖所植，可见三清宫那时的地位已经非常高。

从太清宫出来，下山途中会看到一座渔村，那就是青山渔村（宝箱一）。这里保留着传统渔村原汁原味的风格，有着崂山"渔村民俗风情博物馆"的美誉。蓝天、碧海、青山、梯田、茶园、村落、渔港、海湾、海岛相互映衬，形成了错落有致的优美渔村风景，构成了一幅秀丽的山海画卷。

在山脚继续坐观光大巴去仰口，大巴一路行驶在海边山腰公路上。仰口的第一个景点是写有"天下第一寿"的寿字峰（宝箱二）。在2万平方米的石壁上刻着40余个大大小小的"寿"字，最大的高38米，宽27米，是我国古今近百名书法大家用隶、篆、行、草、楷等多种字体书写的，在偌大的岩壁上构成了一幅壮观的百寿图，可以说也是"寿"字的书法展览。不少游人来到这里都喜欢以"寿"字作背景照相，一是留作纪念，二是祈求长寿。

继续前行，登上不少台阶，来到两块像山一样高的巨石中间，这里就是"觅天洞"（宝箱三）。富于挑战的觅天洞大大增加了仰口的游玩乐趣。觅天洞是典型的由巨石堆砌的洞穴，通高30余米，分上下5层。此洞蜿蜒、陡峭、狭窄，最暗处伸手不见五指，最窄处仅能勉强"钻"过。攀梯而上，忽又豁然开朗，一路周折，变幻无穷，别有洞天。走出觅天洞，继续登山，最后到达"天苑"。置身天苑石上，恍若到了天界，万千景象一览无余。

沿着蜿蜒曲折的石阶路下山，然后乘坐观光车到下个景点华严寺（宝箱四）——崂山现存唯一的佛寺。华严寺位于西那罗延山半腰，三面环山，东临大海，古朴雄伟，共有四进阶梯式院落，依山而筑，布局严谨。正殿是三圣殿，即大雄宝殿，富丽堂皇，极为壮观。华严寺前有一座塔院，乃寺中历代住持藏骨之处。

山脚下是观音广场，广场上立有高僧法显雕像和观音立像。观音广场通往华严寺的这道山门称"华藏世界门"，山门上雕刻着佛、菩萨、飞天和金刚力士等雕像。山门的顶部是锻铜铸就的巨大莲花，花瓣展向八方，每片花瓣上都有一尊打着不同手势的佛像，生动地体现了"一花一世界，一叶一菩提"的佛学理念。

山门上立着十大菩萨，因为华严宗（佛教宗派之一）非常崇尚"十"这个数字，用"十"表示"圆满"的意思。山门中部的雕像是佛祖释迦牟尼，左、右分别为文殊和普贤两位菩萨，他们合称为"华严三圣"。

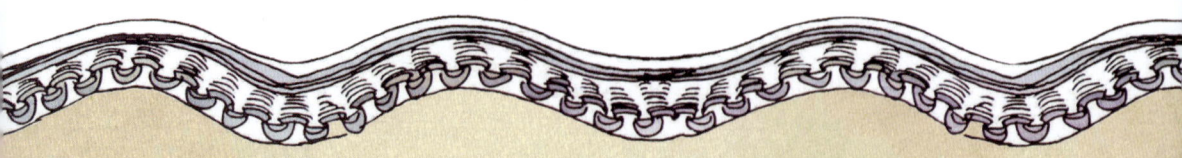

洞天福地，问道崂山

崂山是中国道教文化的发祥地之一。自春秋战国至秦朝，一些具有道家思想的人士来此敬仙，炼丹采药。秦始皇前往琅琊途中就曾到过崂山。奉秦始皇之命，方士徐福从崂山出海，求长生不老药。这是崂山道教的萌芽时期。

汉武帝时期的张廉夫弃官到崂山建了一座三官庙，供奉三官神位。现在太清宫的名树"汉柏凌霄"，相传便是其亲手栽植的。后来，三官庙被称为太清宫，这里是崂山最早的道家活动场所，随后不少名道士来此修炼，前后近百人。

东汉后崂山道教蓬勃发展，特别是在唐朝，曾一度被定为国教，各地道人、方士来崂山避世隐居，宫观庙庵有了很大的发展，道教文化广为传播，初步确立了崂山道教在中国北方道教中的地位。

金、元时代是北方"全真道"的兴盛时期，从这个时期到后来的明、清，崂山道教的发展逐渐达到鼎盛。南宋末至元初，名道士王重阳的七位弟子，亦称"北七真"（以丘处机为首），在崂山传教，建立了"七派"，使崂山成为中国北方的全真道中心。

丘处机曾应成吉思汗之召，随其西行。成吉思汗视其为"国师"，并敕护教文和金虎符文镌刻在太清宫三皇殿门外两侧山墙的石碑上，其中有文"真人到处如朕亲临"。明清时期道观在崂山星罗棋布，崂山道教的发展达到了历史顶峰。

青岛的清新小岛（燕儿岛山公园、小麦岛、灵山岛）

燕儿岛山公园（宝箱一）位于青岛市南浮山湾东端，是一个伸入海中的岬角，有一片景色特别好的小众海滩，退潮时有很多海星。公园内的海滨木栈道是最大亮点，木栈道与阶梯相连，一边是大海，一边是峭壁，峭壁底下鲜花盛开，在这里拍照仿佛置身于美丽的垦丁，有着独特的韵味。登上阶梯高处的平台放眼望去，整个大海映入眼帘，日落景色尤为迷人。

小麦岛（宝箱二）是一个离青岛大学不远的小岛，上面种满了花花草草，在春夏时节给人极佳的视觉享受，会让人有一种融入大自然的感觉。漫步在小麦岛四周的木栈道上，看着海浪拍打着下面的礁石，不失为一种独特的体验。远处的灯塔配上红瓦绿树、蓝天白云，吸引了很多人前来拍照打卡。在这里不管是拍照还是远眺大海，都能让人的身心得到放松。

位于青岛市黄岛区东南灵山湾中的灵山岛（宝箱三）有着原生态的生活方式与自然的海岛景观，在这里还可以通过多种游玩方式尽情体验渔家风情。岛上有一座"贝壳楼"，是利用526个品种、100多万只流光溢彩的贝螺原壳，经过长时间的精心设计之后打造的，展现了海洋世界的奇特美丽，成为灵山岛的标志性建筑物。灵山岛上还有背来石、老虎嘴等景点，也可一并游览。

出入灵山岛都需要乘船，上岛后可以租船进行海上垂钓，一般都是前往岛东北的牙岛子海域。据说有人在那里一天钓了100多条鲅鱼，也有人钓到过重约30斤的大鲈鱼。灵山岛上的海鲜种类非常丰富，到了晚上退潮的时候到岛北部的石头滩赶海，能捡到很多辣螺、偏心螺等。这里能见度高，夜晚的星空格外美丽，令无数天文爱好者纷至沓来。

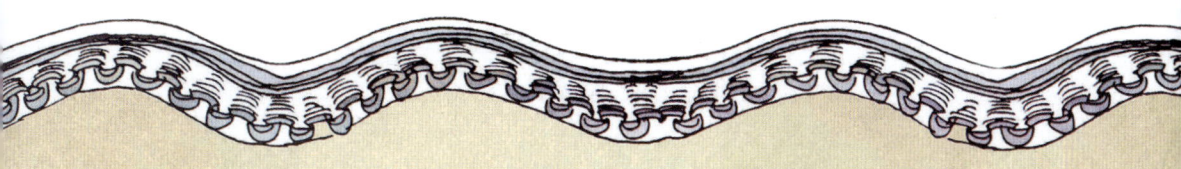

赶海

居住在海边的人们，将赶在潮落时到海岸的滩涂和礁石上打捞或采集海产品的过程，称为赶海。

在青岛海边常能见到赶海的人拿着小桶、带着小铲子，或者什么工具都不用，戴上手套后徒手捡拾海货。若在晚上，你看到拿着手电筒在海边弯着腰，翻着一块块石头，聚精会神地找着什么的人，那就是在赶海的青岛市民了。

一般最好在大潮汛时赶海，大潮汛就在农历每个月初二和十六的前后两天，因为大潮汛时海水退得又远又快，而贝类行动较为迟缓，当海水退下去时就搁浅在沙滩或泥滩上了。

撬海蛎子、拾海带、挖蛤蜊、钓蛏子是在青岛赶海的主要内容。牡蛎壳容易划破人的皮肤，所以赶海时最好戴上手套、穿上胶鞋。青岛人口中的蛏子又名竹蛏，蛏肉做汤或者煮后把肉扒出来拌着吃，都很鲜美。

赶海的人先用小锄头或者铁锹把沙子挖开，然后迅速在出现的洞孔上撒上盐，不一会儿就会看到有蛏子冒出头来，这时眼疾手快的赶海人，就会一把捉住蛏子，放到桶里。

青岛市博物馆

青岛市博物馆（宝箱一）是国家一级博物馆，坐落于崂山区核心地带。展馆面积很大，藏品丰富，不仅有青岛本地的，还有胶东其他地区的。展品中有一部分是外国侵略者掠夺的文物，在准备从青岛海运出去时被保护下来。很多展品是中国近代工业发展和新民主主义革命的见证。除瓷器、古画、古书、钱币等展品外，这里还展出了不少珍贵的青岛老照片，是全面了解青岛文化历史的好去处。

青岛极地海洋世界

　　青岛极地海洋世界（宝箱一）位于崂山区的海边，进入其中，如同置身神奇的海底世界，被各种海洋生物环绕。在极地海洋世界，除了可以看到海底的生物外，还能看到一些极地动物，如北极熊、企鹅、北极狼等。门票还包含三场表演，游玩的时候也要把握好时间，以免错过精彩的表演。

小青岛公园

站在栈桥上可以看到对岸的小岛，那便是 小青岛（宝箱一）。小青岛有长长的海堤与陆地相接，可以步行或乘车进岛。它原是陆地的一部分，在海浪长年累月的冲蚀下，渐渐与陆地分离。因其形状如同一把古琴，故又有"琴岛"之称，岛上因此有一座姿态优雅的琴女雕像。

小青岛很小，上面有一座古老的白色灯塔。岛上游客不多，环境清幽，空气清爽，海边的红礁石比栈桥的更好看。在夕阳西下时爬上红礁石，看着波光粼粼的海面，眺望美丽的海岸线，听海浪拍岸，做一下深呼吸，让大脑放松，也是一件小确幸的事情。

古老的白色灯塔！

青岛啤酒博物馆—天幕城—台东步行街

1903年,德国《酿造者及酒花报刊》刊登了一则消息,称青岛的啤酒消费者将听到一个新消息——青岛将第一次酿制好的啤酒,因为这里有很好的泉水。

就是在这一年,德国商人在青岛建立了日耳曼啤酒青岛股份公司,成为今日青岛啤酒股份有限公司的前身。1906年,这里出产的啤酒在德国的万国博览会上获得金奖。尽管酒厂是由外国人创建的,但根植于中国大地上的青岛啤酒还是让慈禧太后颇为得意。她不仅将青岛啤酒赏赐给官员,更将获得金奖的消息诏告天下,以"尽显大清国威"。在那个年代,青岛啤酒已经具有了"名片"的意味。

青岛啤酒博物馆(宝箱一)设立于青岛啤酒百年老厂的原址上。博物馆主要分为A、B两栋,买门票后会有专业的导游带领游客参观,一路讲解。

跟着导游来到A栋,这里有一张张历史图片和一件件文物,展示着青岛啤酒的历史与沉浮，其实那也是对青岛历史的一次讲解。这里有一些有意思的青岛啤酒老广告，比如有一幅广告的画面是桃园三结义的刘备、张飞、关羽在喝青岛啤酒！

跟随导游来到 B 栋，这里也是青岛保存最好的德式工业建筑之一，里面展示的很多老设备都来自德国。其中有一台 1896 年产的西门子电机，现在通电后还可以正常运转，不由得让人佩服德国人精湛的工艺。在参观老设备和啤酒酿造原料的同时，导游会介绍以前制作啤酒的工艺流程。紧接着，就能走到另一个悬空的玻璃走廊中，下边是现在青岛啤酒的生产车间（宝箱二）。因为有了现代化的机械和流水线，一个大车间内只有几个工人。见识到如今日产数十万千升的啤酒全自动化流水线，再回想起老厂区的历史，令人不禁感慨科技的飞速进步。

接下来会来到醉酒小屋，它的神奇之处就在于无论你是否喝过酒，进去之后都会"醉"的，真是"酒不醉人人自醉"。导游说它的原理是：地面和墙面呈 18 度倾斜，会让人产生错觉，从而导致眩晕感。

最后再品尝一下门票附赠的一杯生啤,味道非常不错。为什么生啤会比我们日常喝的啤酒味道要好呢?据导游介绍:我们平时喝的啤酒是装酒之后直接压盖,然后进入杀菌机,经过60℃灭菌之后出来的熟啤酒,其保质期长达一年;而生啤是新鲜的,保质期只有一天。打一个非常形象的比喻:生啤是新鲜的水果,而熟啤是水果罐头。

从历史到工艺到啤酒文化到生产线参观,还能喝到风味浓郁的新鲜原浆啤酒、体验奇妙的醉酒小屋,青岛啤酒博物馆因此成为青岛极受欢迎的景点之一。

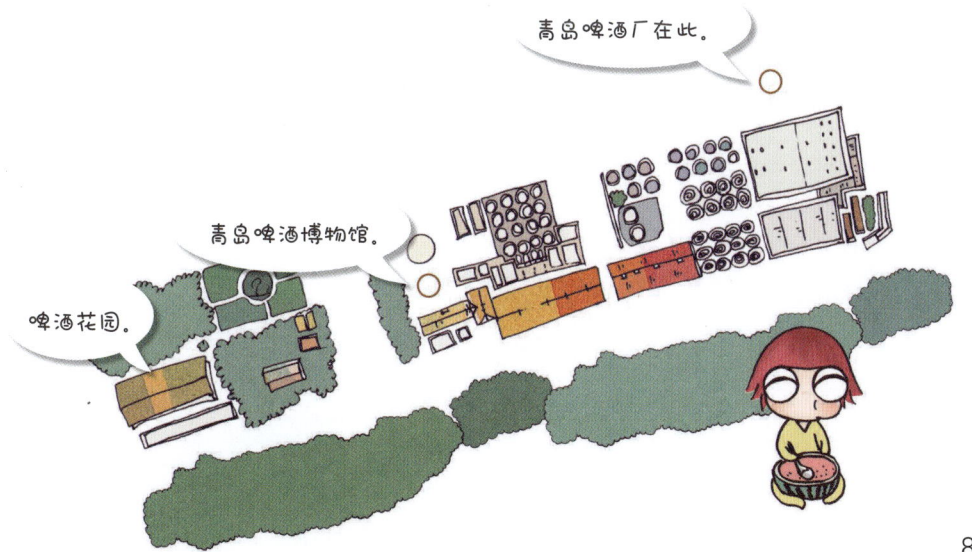

  天幕城（宝箱三）就在青岛啤酒博物馆附近。"城内"顶部的荧光天幕利用声光电等不同技术手段营造出逼真的蓝天白云、璀璨星空等景观，两边城堡式的小建筑有点像澳门的威尼斯酒店，里面是一些小商店，城内还有青岛纺织博物馆供游客参观。天幕城不要门票，游客也不多，是个带点梦幻色彩、很适合拍照留念的小景点。如果打算去啤酒博物馆的话，不妨顺路去看看。

  从天幕城步行约 20 分钟，就能来到**台东步行街**（宝箱四）。几乎每个城市都有这样一条人流云集的步行街，比如北京的王府井、上海的南京路、苏州的观前街，而台东步行街就是属于青岛的那条"商业步行街"。这里商业繁荣，餐馆和休闲、娱乐场所等都很多，聚集了不少大商场和知名品牌。

  台东步行街还有着属于它自己的两大特色——墙绘和夜市。步行街两侧的楼房上有别具一格的涂鸦设计，这是政府邀请中国建筑环境研究院的专业画家，对步行街两侧 21 座商住楼进行的统一彩绘。这些色彩斑斓、造型生动的大型壁画，形成了独特的彩色画廊，让这里成为全国最大的手工彩绘一条街，非常适合拍照留念。

  而到了夜晚，这里又成了"吃货"的天地。虽说来青岛的游客一般会集中在劈柴院吃小吃，但当地人则比较青睐台东步行街，因为这里的小吃比劈柴院的更实惠一些。一到下午四点多，各色的夜市就开始出摊了。路边支起的大棚里有廉价的衣服饰品，也有香气扑鼻的小吃，尤其是海鲜烧烤格外受欢迎。

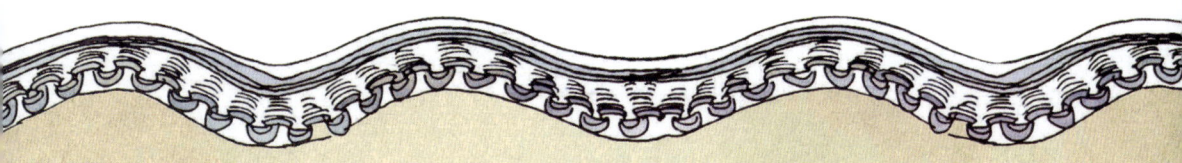

"砸出来"的世界名牌

早在 2018 年,青岛就已有世界名牌 2 个、中国名牌 68 个,数量均居国内同类城市之首。海尔集团、海信集团、青岛啤酒、双星轮胎、澳柯玛、中车青岛、崂山矿泉、青食股份……"青岛制造"已成为青岛工业 40 年来最响亮的品牌。

海尔是青岛的第二个世界名牌,它的前身是青岛电冰箱总厂。1984 年,这家濒临倒闭的集体所有制小厂引进了德国利勃海尔的冰箱制造技术。在海尔刚刚起步的 1985 年,一位客户反映他买的海尔冰箱有质量问题。面对用户的投诉,厂长立即检查并发现库房里的 76 台冰箱有缺陷,当场宣布把这些冰箱全部砸掉,并抡起大锤亲手砸了第一锤!在那个物资稀缺的年代,不合格冰箱依然极具市场价值。经人测算,那 76 台冰箱如果按出厂价计算,相当于全厂职工 2 年的工资,很多职工砸冰箱时都流下了眼泪。但自那一刻起,海尔便选择了将产品质量作为企业的生命线。

海尔集团在 1984 年还是一家亏空 147 万元的小厂,到 2009 年已经发展成为世界白色家电第一品牌,成为中国品牌中的佼佼者,青岛品牌的"代言人"。

五四广场—青岛奥林匹克帆船中心

五四广场（宝箱一）是青岛最有名的临海广场，因"五四运动"而得名。众所周知，1919年爆发的这场伟大的反帝爱国运动的导火索，就是收回青岛的问题。鉴于青岛与"五四运动"这一特殊的关系，青岛市政府决定将这个广场命名为"五四广场"。广场主体雕塑"五月的风"像一股腾空而起的红色的风，带着一种向上升腾的力量，也是青岛地标之一。

雕塑的周围是一座座高楼大厦。晚上，音乐喷泉启动，灯光映衬着绿草地，背后的高楼灯光璀璨。从远处看，五彩斑斓的亮光和雕塑在海面交相辉映，煞是好看。

除了游客，青岛市民也喜欢在晚上到五四广场休闲、锻炼。在这里可以看到卖唱的歌手、约会的情侣、漫步的老夫妻……还经常能看到围着五四广场快走锻炼的一大群人，他们激情洋溢地喊着口号，那阵仗在其他地方是很少可以见到的。

青岛奥林匹克帆船中心(简称"奥帆中心",宝箱二)位于浮山湾畔,离五四广场很近,是为了迎接奥运会帆船比赛和打造"帆船之都"所建造的。五四广场到奥帆中心那段海岸的夜景特别美,而且很热闹,很多游客会来到海边看海景,或在那里的小店挑选贝壳梳子、珍珠项链、海螺等纪念品。

从五四广场走到奥帆中心,感觉就像走过了一段长长的历史。这个曾经的半殖民地半封建国家如今巍然屹立于世界东方,并成功举办了奥运会。小小的浮山湾见证了中国百年的屈辱与辉煌。

现在的码头边停靠着各种私人游艇,白天在这里可以付费乘坐快艇、游艇、小帆船。奥帆中心里有一道长坝,叫作情人坝。晚上走在坝上,坝顶灯火通明,两侧树立着许多旗杆,各国的旗帜迎风招展,呼呼作响。

情人坝尽头是一座 白色灯塔（宝箱三），灯塔高 20.08 米，象征着 2008 年在青岛举办的奥帆赛。白色灯塔在晚上会发出绚丽迷人的光芒，美轮美奂。

情人坝是青岛本地人也会经常去的地方，因为这儿不仅风光好，寓意也好，尤其是到了晚上还可以 180° 纵览青岛浮山湾的夜景和灯光秀。走到灯塔下，倚靠着栏杆，看着帆船上银白色的灯光、对面五四广场的雕塑和建筑的倒影投射在水面上，感觉整个内海湾都如同枕着波涛，做着一场绮丽的梦。

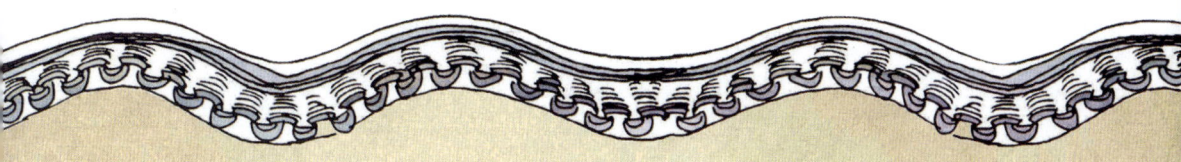

青岛与"五四"青年节的渊源

说起"五四运动"不能不提及青岛。1918年第一次世界大战结束,德国战败。1919年1月18日,战胜国在巴黎召开"和平会议"。中国代表团以战胜国的身份参加和会,提出一系列要求,包括取消列强在华的各项特权、取消日本帝国主义与袁世凯订立的"二十一条"等不平等条约、归还大战期间日本从德国手中夺取的在山东的各项权利等。

巴黎和会在帝国主义列强的操纵下,不但拒绝了中国的要求,而且还在《对德合约》上,明文规定把德国在山东的特权全部转让给日本。

消息传回国内后,国人群情激愤,压抑在心中的怒火像火山一样爆发了。一场反帝反封建的爱国运动在北京青年学生中爆发。上海、天津等地的爱国青年学生也冲出校门,发出了"救国家于危亡,拯人民于水火"的呐喊,点燃了反帝反封建的爱国火焰,掀起了一场史无前例的伟大爱国运动,而青岛正是这场伟大运动的导火索。

1922年12月10日,中日双方在青岛举行了交接仪式,中国正式收回青岛,结束了青岛长达25年的遭受德日殖民统治的惨痛历史。青岛回归是"五四运动"的重大成果,也是中国历史上的重大事件。中华人民共和国成立后,五月四日被定为中国青年节。

烤鱿鱼

青岛满大街都是烤鱿鱼（宝箱一）。据说在每年6—9月的旅游旺季时，岛城每天吃掉的鲜鱿鱼在4万条左右！因为青岛的旅游旺季也是本地海域的禁渔期，没法出海打捞鱿鱼，所以烧烤用的大部分是阿根廷鱿鱼，个头大、色香味美、肉嫩、有"咬头"！

酱猪蹄

酱猪蹄（宝箱二）在青岛是很受欢迎的一道小吃。青岛的酱猪蹄咸香、酥软、色艳，炖得恰到好处，骨肉分开，既烂又有嚼头，还不腻，让人吃了一口还想吃第二口。减肥的人只能在心里默默给自己找借口：我吃的不是肉，是胶原蛋白！

海鲜卤面

海鲜卤面（宝箱三）也是青岛一道寻常又别致的美食。一碗海鲜卤面里包含虾仁、蛤蜊、芸豆、鸡蛋、肉丝等各种配料，闻起来、吃进去，都是海的味道。

蛤蜊

"到青岛，吃蛤蜊（宝箱四），哈啤酒"，这是体会地道青岛美食必不可少的环节。青岛的蛤蜊多为小花壳，肉大，辣炒、原汁炖等吃法最为常见。不管是辣炒还是原汁炖，都非常鲜美。

海参

海鲜在青岛这一带是很受欢迎的。靠海的城市吃海鲜就是方便，不管在赶海的夏季还是其他季节，只要想吃随时都可以吃到。很多人都喜欢吃青岛的海参（宝箱五）。海参是一种名贵的海洋动物，肉质软嫩，营养丰富，是典型的高蛋白、低脂肪食物，滋味腴美，是久负盛名的名馔佳肴，是海味"八珍"之一，与燕窝、鲍鱼等齐名。

四大菜系中唯一的北方菜——鲁菜

关于中国四大菜系有这么一种说法：鲁贵、苏雅、粤富、川民。八个字把四大菜系总结得淋漓尽致。鲁菜比粤菜更为古老，其历史可追溯至孔子关于"食不厌精，脍不厌细……不时，不食……不得其酱，不食"的饮食之道。明清两代，鲁菜已经成为宫廷膳食的主体，对京、津、东北各地的饮食结构和特点有较大影响，被奉为"北食"的典范。

鲁菜以咸鲜为主，突出本味。大葱为山东特产，鲁菜多数菜肴要用葱姜蒜来增香提味，炒、熘、爆、扒、烧等方法都要用葱，尤其是葱烧类的菜肴更是以拥有浓郁的葱香为佳。鲁菜对烹制海鲜有独到之处，对海珍品和小海味的烹制堪称一绝。

常言道"好客山东"。山东民风朴实，待客豪爽，在饮食上注重质量和数量，大盘大碗丰盛实惠；同时受孔子礼食思想的影响，讲究排场和礼节，正规筵席有所谓的"十全十美席""大件席""海参席"等，都能体现出鲁菜典雅大气的一面。

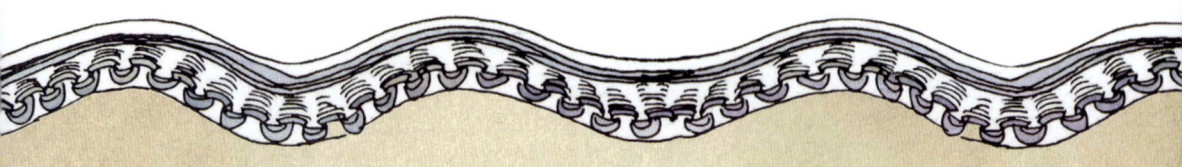

啤酒节与塑料袋啤酒

青岛国际啤酒节始创于1991年，在每年8月的第二个周末开幕，为期16天。啤酒节期间会举行各种各样的狂欢活动，吸引了无数游客来参加，更是受到年轻人的喜爱。

青岛人是真正发自内心地热爱啤酒。走在青岛街头，你如果发现很多青岛本地人提着一塑料袋的啤酒在街上走来走去，千万不要奇怪，这种青岛独有的现象已经存在很多年了，成为"青岛八大怪"之一：啤酒装进塑料袋。

其主要原因是青岛人在市场上买的啤酒大多是散啤，这类啤酒大多是啤酒厂直接酿造完成的生啤，不仅价格便宜，而且没有防腐剂，味道更鲜。但其缺点也很明显——保质期短，因此必须在短时间内销售出去。基于此原因，再用罐子去包装它不仅不划算，时间也不够，比不上用塑料袋装来得直接且便宜。

小鱼山公园

小鱼山公园（宝箱一）因靠近鱼山路而得名，虽说叫"山"，其实不高，就是一座位于山坡上的古典风格的公园。上面有一个能远眺青岛老城区的观景台，登高遥望，海天一色，栈桥、小青岛、鲁迅公园、第一海水浴场、八大关等景点尽收眼底。青岛"红瓦绿树，碧海蓝天"的特色在这里格外显著。

青岛电视塔

青岛电视塔（宝箱一）是青岛的一个标志性建筑，在青岛的好多地方一抬头就能看到它。它坐落于市中心 116 米高的太平山上，是一个俯瞰青岛全景的好地方。

青岛电视塔和上海东方明珠广播电视塔是同一位设计师的作品，两者的外形和内部的布局也有点相似。买票进去后进入电梯，工作人员会把你送到顶层看全景，顺着楼梯往下走一层是旋转餐厅，继续坐电梯下行到 9 层，这里是一个比较大的观光区域。然后下到第一层，里面有照片展，有关于青岛的历史变迁和青岛著名影视人的介绍。

青岛电视塔最大的亮点是能看青岛全景，只是因为青岛多雾，如果要登顶看全景，需要选个风和日丽的好天气。此时，向远处眺望，海天一色，岛城风光尽收眼底。

图书在版编目(CIP)数据

山海之城的韵味：灵动青岛/彭彭文；彭彭,燕十三图．—上海：上海科技教育出版社,2023.6
（探城寻宝记）
ISBN 978-7-5428-7877-9

Ⅰ.①山… Ⅱ.①彭… ②燕… Ⅲ.①青岛—概况—少儿读物 Ⅳ.①K925.23-49

中国版本图书馆CIP数据核字（2022）第243371号

责任编辑　吴　昀
装帧设计　李梦雪

探城寻宝记

山海之城的韵味：灵动青岛

彭　彭　文

彭　彭　燕十三　图

出版发行	上海科技教育出版社有限公司	
	（上海市闵行区号景路159弄A座8楼　邮政编码201101）	
网　　址	www.sste.com　　www.ewen.co	
经　　销	各地新华书店	
印　　刷	苏州工业园区美柯乐制版印务有限责任公司	
开　　本	720×1000　1/16	
印　　张	6.75	
版　　次	2023年6月第1版	
印　　次	2023年6月第1次印刷	
书　　号	ISBN 978-7-5428-7877-9/G·4668	
定　　价	58.00元